AF356856

12 MARS 1877

V

Vente du Lundi 12 Mars 1877

HOTEL DROUOT, SALLE N° 7

A DEUX HEURES

OBJETS D'ART

DE LA CHINE ET DU JAPON

COMPOSANT LA

Collection de M. A***

EXPOSITION PUBLIQUE

Le Dimanche 11 Mars 1877, de 1 heure 1/2 à 5 heures.

Mᵉ ESCRIBE

COMMISSAIRE-PRISEUR

Rue de Hanovre, 6.

M. BLOCHE

EXPERT

Boulevard Montmartre, 19

PARIS — 1877

V° RENOU, MAULDE et COCK

IMPRIMEURS DE LA COMPAGNIE DES COMMISSAIRES-PRISEURS

Rue de Rivoli, 144.

CATALOGUE

DE BEAUX

OBJETS D'ART

DE LA CHINE ET DU JAPON

BRONZES, PORCELAINES

Objets de vitrine, Laques fins, Ivoires, Armes

MEUBLES EN BOIS SCULPTÉ ET EN LAQUE BURGAUTÉ

Tableaux et Gouaches de l'École chinoise

TENTURE COMPLÈTE DE SALON EN SATIN, ÉTOFFES

COMPOSANT LA COLLECTION DE M. A***

DONT LA VENTE AURA LIEU

HOTEL DROUOT, SALLE N° 7

Le Lundi 12 Mars 1877

A DEUX HEURES

Par le ministère de **Me ESCRIBE**, Commissaire-Priseur,
rue de Hanovre, 6,

Assisté de **M. BLOCHE** Expert, boulevard Montmartre, **19**.

EXPOSITION PUBLIQUE

Le Dimanche 11 Mars 1877, de 1 heure 1/2 à 5 heures.

Nota. *Le présent Catalogue se distribue aussi chez MM. SPRENT, SPRENT et PHIPPS
rue de Rivoli, 240.*

PARIS — 1877

CONDITIONS DE LA VENTE

Elle sera faite au comptant.

Les Acquéreurs paieront, en sus des adjudications, CINQ CENTIMES PAR FRANC, applicables aux frais.

DÉSIGNATION

BRONZES D'ART

1 — Paire de très-grands Vases en bronze, offrant en haut-relief, des dragons et des oiseaux. Travail japonais.

2 — Grand et beau Vase en bronze, offrant des ornements ciselés et gravés; anses à anneaux mobiles. Travail ancien du Japon.

3 — Brûle-Parfums avec anses formées de dragons, panse à médaillons, couronné par une chimère. Travail japonais.

4 — Paire de grands Vases décorés d'ornements en gravure, ornés d'anses. Travail japonais.

5 — Buffle accroupi, formant jardinière. Bronze ancien du Japon.

6 — Grande Chimère en bronze ancien du Japon.

7 — Eléphant supportant une coupe à deux étages en bronze du Japon.

8 — Deux Vases, à double panse sphérique, ornées de fleurs, de dragons et d'oiseaux en relief.

9 — Vase à anses forme têtes d'éléphant. Travail du Japon.

10 — Vase à deux anses en bronze. Travail ancien.

11 — Beau Brûle-Parfums, de forme haute, entièrement repercé et couronné par une chimère, orné d'anses à anneaux mobiles.

12 — Jardinière en bronze du Japon, à anses forme d'oiseaux.

13 — Grand Groupe en bois sculpté, avec deux chimères en bronze du Japon.

14 — Brûle-Parfums élevé sur trois têtes d'éléphant, couronné par un éléphant couché.

15 — Crapaud en bronze.

16 — Petit Brûle-Parfums en cuivre gravé et argenté.

17 — Petite Aiguière en bronze gravé, forme surbaissée.

18 — Divinité posée sur une tortue rehaussée de vestiges d'émail.

PORCELAINES

19 — Paire de très-grands Vases, forme balustre, de Chine; riche décor à médaillons (Scènes nationales); anses à animaux fantastiques et dorés.

20 — Paire de grands Vases du Japon, forme tulipe, gorge festonnée; décor à figures.

21 — Paire de Potiches; décor à fleurs et lambrequins.

22 — Paire de Vases, gorges festonnées, du Japon; décor partie laquée.

23 — Paire de Vases du Japon, ornés d'anses à anneaux mobiles; fin décor à fleurs et carrelages rehaussés d'or.

24 — Jolie Potiche du Japon; décor lambrequins, oiseaux et fleurs.

25 — Grande Vasque de Chine; décor à figures.

26 — Plat du Japon; décor polychrome, bords à jour.

27 — Soupière de Chine; décor fond d'or à figures.

28 — Boîte rectangulaire de Chine; décor rouge et or, à personnages.

29 — Six Coupes, sur piédouche, du Japon; décor en rouge.

30 — Six Présentoirs de Chine; décor à figures.

31 — Boîte en vieux Chine, famille verte.

32 — Deux petites Jardinières décorées de caractères.

33 — Deux petites Coupes en vieux Satzuma, décorées de personnages à rehauts d'or.

34 — Tortue fantastique en vieux Satzuma; décor à rehauts d'or.

35 — Traîne de fleurs en porcelaine de Chine.

36 — Paire de beaux Vases, avec couvercles de Chine, fond jaune impérial; riche décor à oiseaux et paysages en émaux de couleur.

37 — Jardinière en vieux céladon.

38 — Grand Vase de Chine ancien; décor fond céladon, à fleurs et plantes en bleu et rouge de fer.

39 — Paire de beaux Vases en porcelaine de Chine; décor en émaux cloisonnés fond bleu turquoise, oiseaux et fleurs en couleur.

40 — Vase en vieux Chine, décoré de paysages en bleu et rouge de fer.

41 — Deux grandes Figurines en grès émaillé du Japon.

42 — Deux Bols en vieux Chine, famille verte; décor d'arabesques et fleurs.

43 — Jardinière en céladon bleu turquoise, forme à pans.

44 — Trois grands Vases du Japon, forme tulipe; décor polychrome à figures et fleurs.

45 — Paire de Vases en porcelaine de Chine, montés en bronze.

46 — Deux Tabourets, forme baril; décor à figures.

47 — Grande Théière du Japon; décor à cachets en relief, fleurs et dragons en rouge et or.

48 — Deux Vases de Chine; décor à personnages.

49 — Paire de Vases de Chine; décor à figures en rouge et or.

50 — Paire de Vases en porcelaine laquée; décor à dragons et poissons.

51 — Deux Lavabos de Chine; décor à personnages.

52 — Oiseau sur un rocher en porcelaine de Chine.

OBJETS DE VITRINE

IVOIRES, LAQUES FINS, BOIS SCULPTÉS

53 — Statuette de Guerrier en bois sculpté. Travail ancien.

54 — Embarcation en ivoire sculpté portant deux personnages.

55 — Petit Plateau en ancien émail cloisonné, fond bleu turquoise, arabesques en couleur. Travail de Chine.

56 — Petit Magot en bois laqué et burgauté.

57 — Trois jolies Trousses en vieux laque fin et burgauté. Seront vendues séparément.

58 — Huit autres jolies Trousses en laque fin doré et aventuriné. Seront vendues séparément.

59 — Boîte ronde et haute en laque fin, partie fond noir, partie fond d'or, offrant des plantes en relief.

60 — Boîte ronde et plate en laque fin aventuriné; décor à corbeille de fleurs.

61 — Boîte cylindrique en laque fin, fond aventuriné; décor paysage.

62 — Boîte, forme à pans en laque fin aventuriné; décor paysages.

63 — Deux Boîtes en laque fin, fond d'or à fleurs.

64 — Grande Boîte en laque fin, fond aventuriné; décor à carrelages et cachets.

65 — Petite Boîte carrée fond aventuriné, en laque fin; décor bambous.

66 — Petite Boîte, forme fruit en laque fin, bronze et or.

67 — Boîte ronde et plate, fond aventuriné en laque fin, décorée de quadrupèdes.

68 — Douze Boîtes de formes et décors variés en laque fin. (Sera divisé).

69 — Boîte en bois sculpté, offrant des chimères.

70 — Boîte à Mouchoirs en laque fin, fond noir, à rehauts d'or.

71 — Grande Boîte, à quatre compartiments, en laque fin fond aventuriné, plantes d'or.

72 — Deux petites Boîtes en laque noir et or.

73 — Autre petite Boîte en laque de Pékin.

74 — Seize jolis Sujets en bois sculpté. Travail ancien.

75 — Vingt-trois beaux Sujets en ivoire. Travail ancien.

76 — Deux grands et beaux Cornets en ivoire, richement laqués; monture en laque.

77 — OEuf en cuivre émaillé.

78 — Petit Panier en filigrane émaillé.

79 — Petite Théière en bronze Tonkin.

80 — Six Ronds de serviette en ivoire.

81 — Quatre Flacons en verre.

82 — Trois petits Eventails.

MEUBLES

BOIS SCULPTÉS, LAQUES

83 — Grand Paravent à six feuilles, décoré de dessins en
bois découpé.

84 — Grand et beau Guéridon en bois de fer sculpté,
dessus en marbre.

85 — Armoire à fronton, s'ouvrant à deux battants,
garnie de tiroirs à l'intérieur en laque de Chine,
fond noir rehaussé d'or.

86 — Beau Cabinet, s'ouvrant à deux battants, en laque
du Japon burgauté, élevé sur table.

87 — Lanterne en verres peints; monture en bois sculpté.

88 — Beau Guéridon en laque fin de Chine, fond noir, à
rehauts d'or.

89 — Deux Séries de Cages en laque burgauté.

90 — Cantine, forme maison, en laque du Japon noir
et or.

91 — Joli Cabinet en laque fin, offrant des oiseaux à
rehauts d'or et d'argent.

92 — Guéridon en laque du Japon, offrant, sur fond
noir, un aigle à rehauts d'or.

93 — Guéridon en laque de Chine; décor à figures.

94 — Guéridon en laque fin, fond noir, à rehauts d'or.

95 — Guéridon en laque du Japon, noir, à rehauts d'or.

96 — Deux Statuettes en bois sculpté.

97 — Petite Embarcation en bois sculpté, portant quatre personnages.

98 — Modèle de petit bateau à vapeur incrusté de nacre; monture en laque.

99 — Grand Guéridon en laque du Japon, noir, avec oiseaux et paysages à rehauts d'or.

100 — Socle en laque du Japon,

101 — Boîte-Pupître en laque incrusté.

102 — Joli petit Cabinet en laque, fond noir et blanc, à rehauts d'or.

103 — Temple en marbre de Chine.

104 — Jardinière en bois laqué.

105 — Deux Socles en bois sculpté.

106 — Deux grands Socles en laque, ornés de plaques en porcelaine du Japon.

107 — Grand Socle en bois de fer sculpté.

108 — Petite Armoire en ivoire finement sculpté.

109 — Divinité chinoise,

110 — Aquarium.

111 — Six Plateaux en laques divers.

112 — Jeu en laque.

113 — Grande Boîte à dentelles en laque de Chine.

114 — Deux Damiers en laque de Chine, incrustés de nacre.

115 — Quatre grandes Boîtes en laque renfermant des jeux en ivoire sculpté. Seront vendues séparément.

116 — Grande Boîte-Pupitre en laque de Chine.

117 — Joli petit Cabinet en ivoire sculpté et laqué, à figures.

118 — Écran en gaze peinte; monture en bambou doré.

119 — Paravent à six feuilles peintes; monture en laque.

120 — Singe en bois sculpté. Travail ancien.

121 — Grande Statue en bois sculpté.

122 — Lot de Racines.

123 — Table en laque de Chine.

124 — Petit Modèle de chaise à porteurs.

TENTURE, ÉTOFFES

125 — Belle Tenture de salon, composée de treize panneaux en satin rouge décorés de scènes chinoises en couleur et or, bordures en satin vert.

126 — Robe de mandarin fond.bleu clair, brodée de soie et d'or.

127 — Casaque en satin gros bleu, ornée de broderies de soie et d'or.

128 — Quatre Stores en gaze.

TABLEAUX, GOUACHES

129 — Deux Tableaux, peintures sur toile (Sujets chinois), dans de beaux cadres en bois sculpté.

130 — Six Tableaux : Vues de Chine.

131 — Deux Peintures sur papier (Scènes chinoises), encadrées.

132 — Deux grandes Gravures anglaises, dans des cadres en bois sculpté de Chine.

133 — Gouache représentant un jardin, avec kiosque de plaisance, animé de personnages.

134 — Gouache représentant une île fortifiée au milieu d'un fleuve sillonné d'embarcations aux formes les plus curieuses.

135 — Gouache représentant la façade d'un palais.

136 — Gouache représentant une tour en porcelaine élevée dans un riant paysage arrosé par un cours d'eau.

137 — Trois Tableaux encadrés : Paysages.

138 — Deux Tableaux : Jeunes Chinoises.

139 — Deux autres Tableaux : Intérieurs de palais.

ARMES, OBJETS DIVERS

140 — Casque de mandarin en fer et cuivre gravés.

141 — Casque en laque étamé et cuivré.

142 — Sabre formé de monnaies.

143 — Intéressante collection de cinquante Photographies en couleur, représentant des scènes et des types japonais.

144 — Carapace de tortue.

145 — Objets omis.

Vᵉˢ RENOU, MAULDE et COCK, imprˢ de la Compagnie des Commissaires-Priseurs, rue de Rivoli, 144. 73777

www.ingramcontent.com/pod-product-compliance
Lightning Source LLC
LaVergne TN
LVHW011004180726
843502LV00007B/2315